Fantasyland E...

Il fantastico mondo delle fate

Libro da colorare rilassante per gli amanti della mitologia

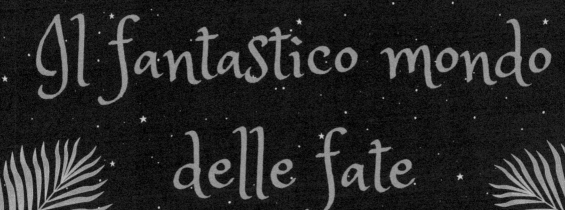

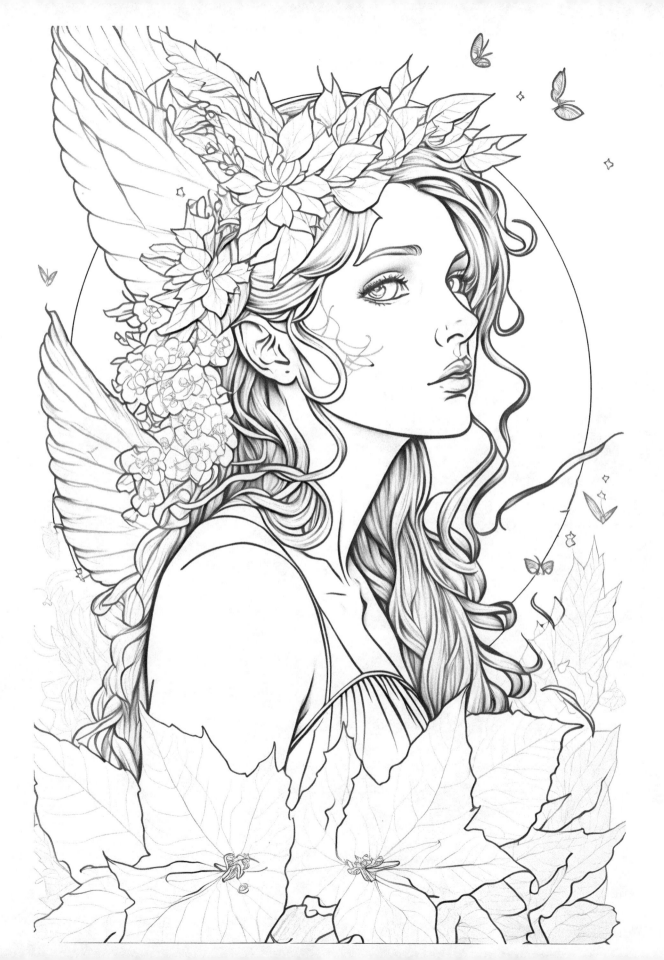

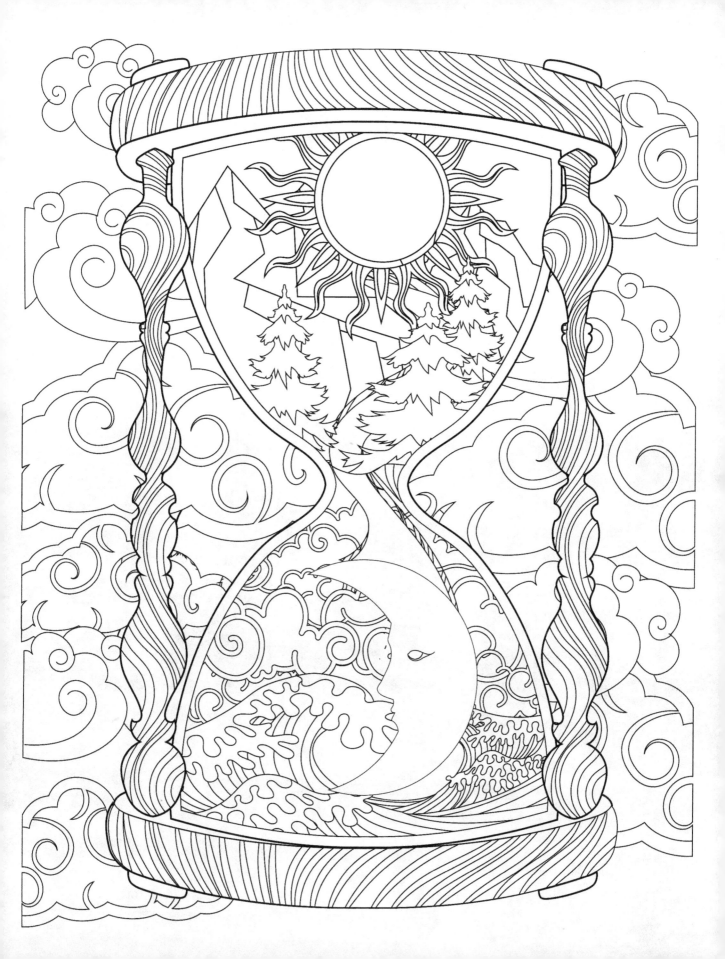

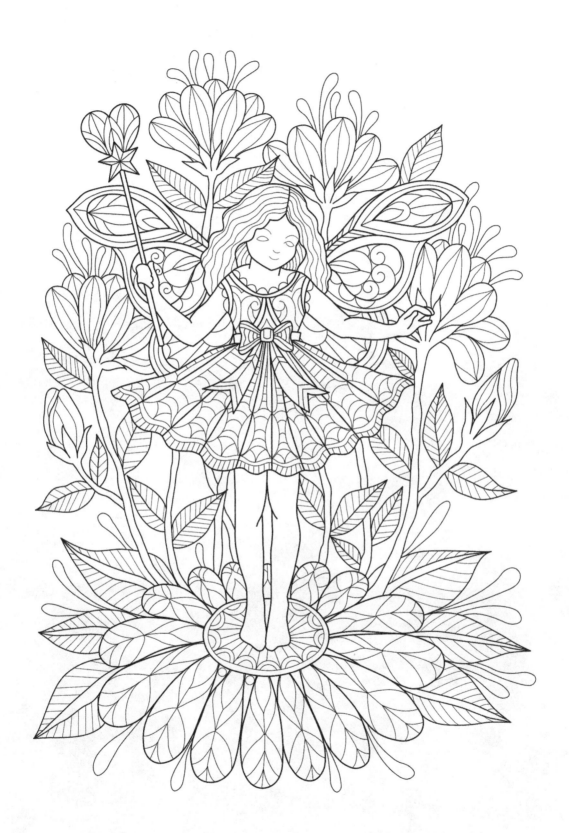

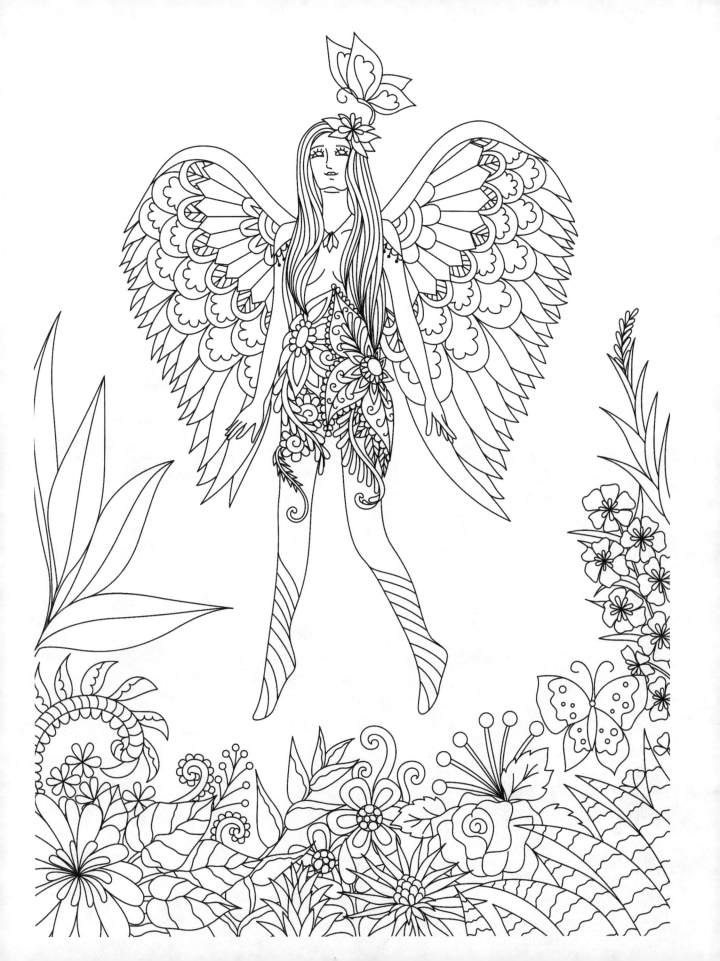

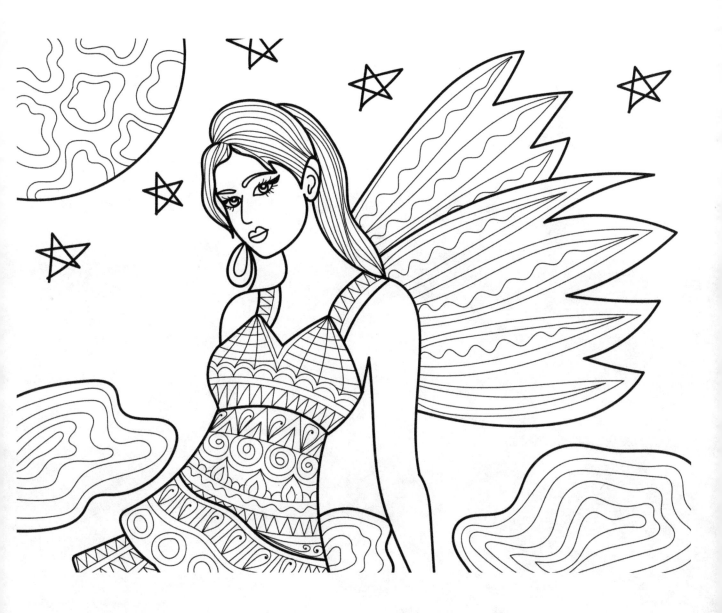

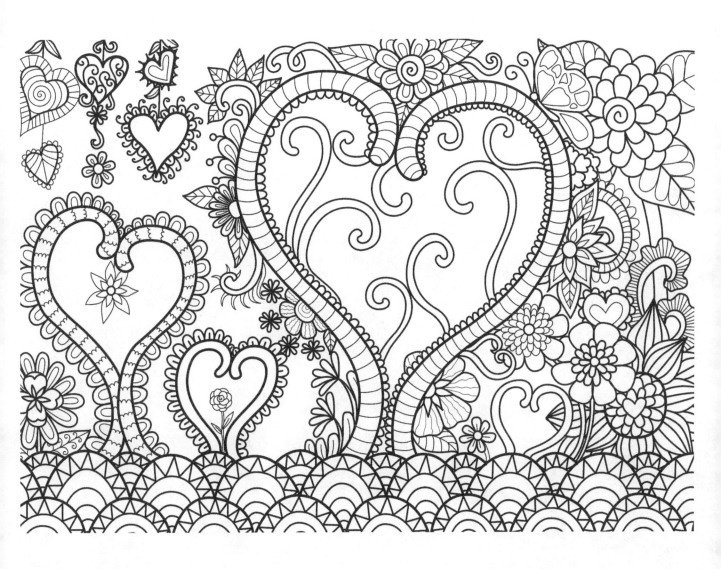

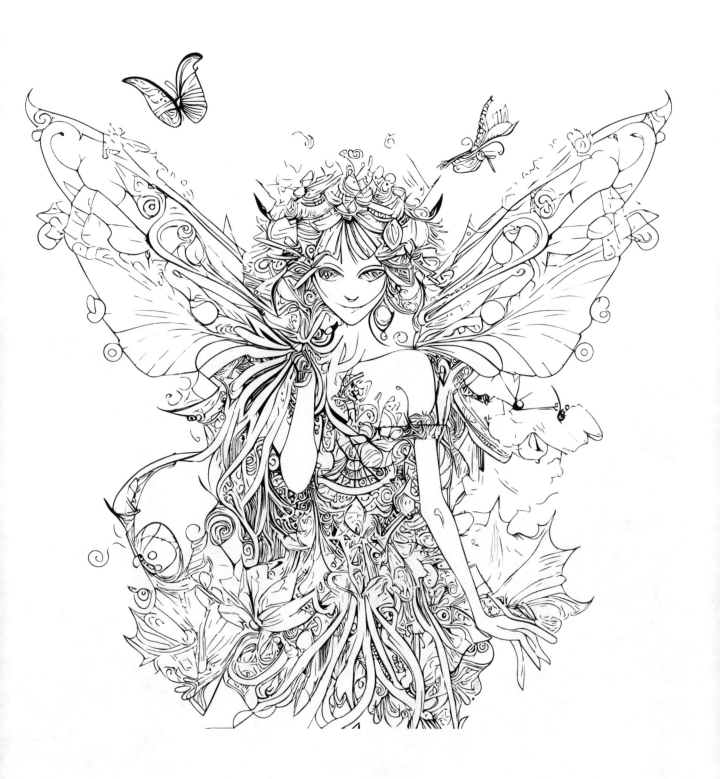

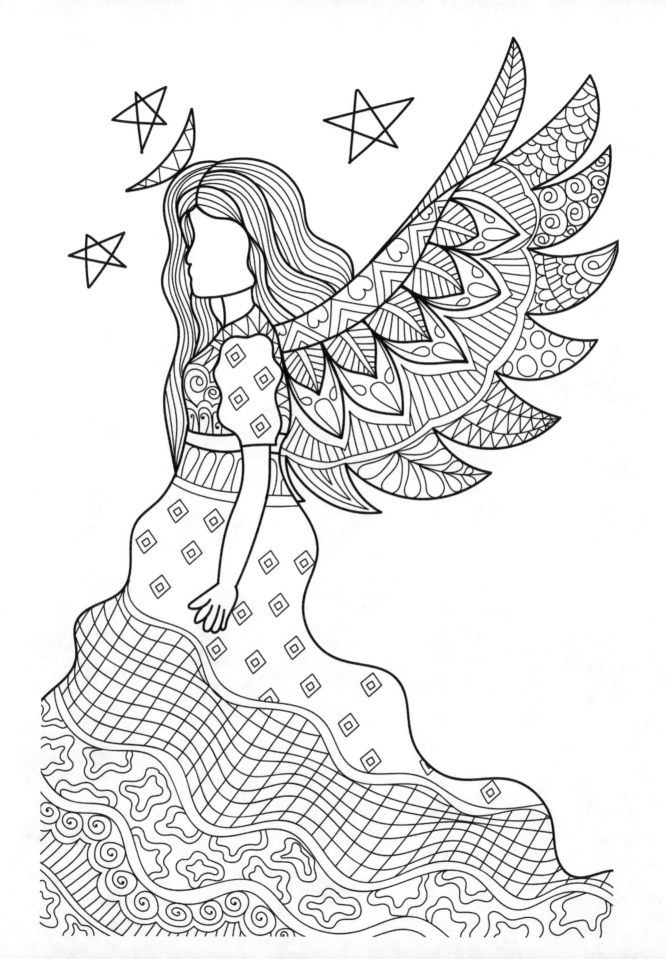

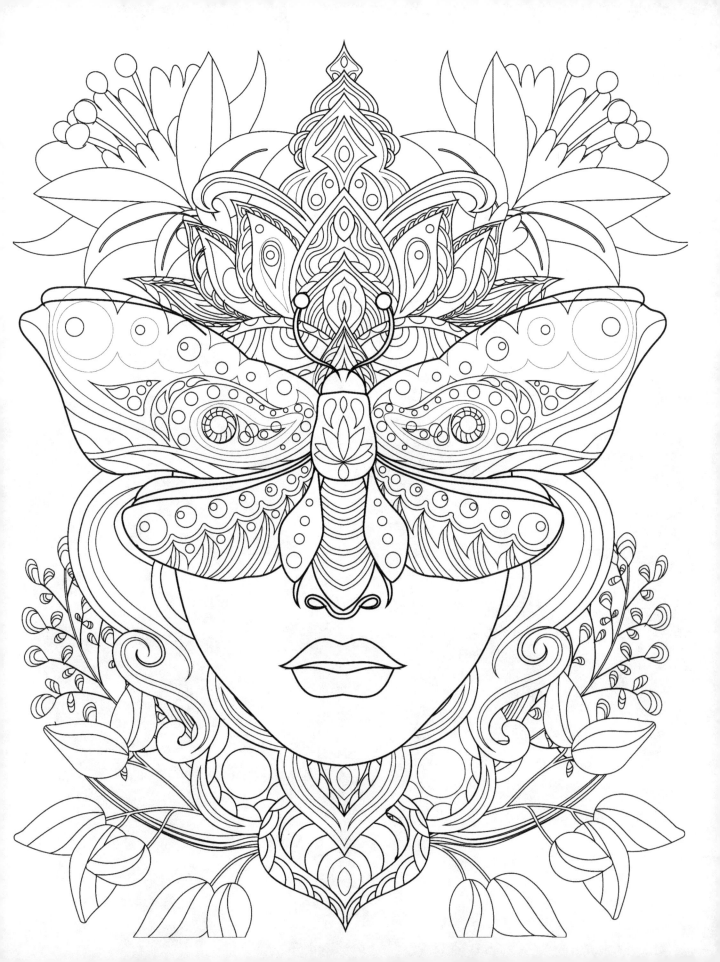

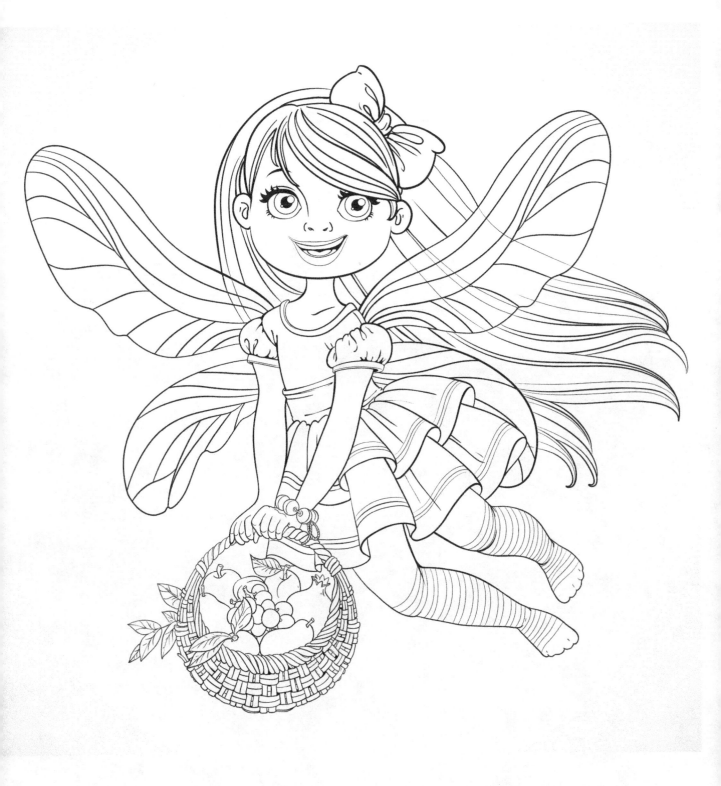

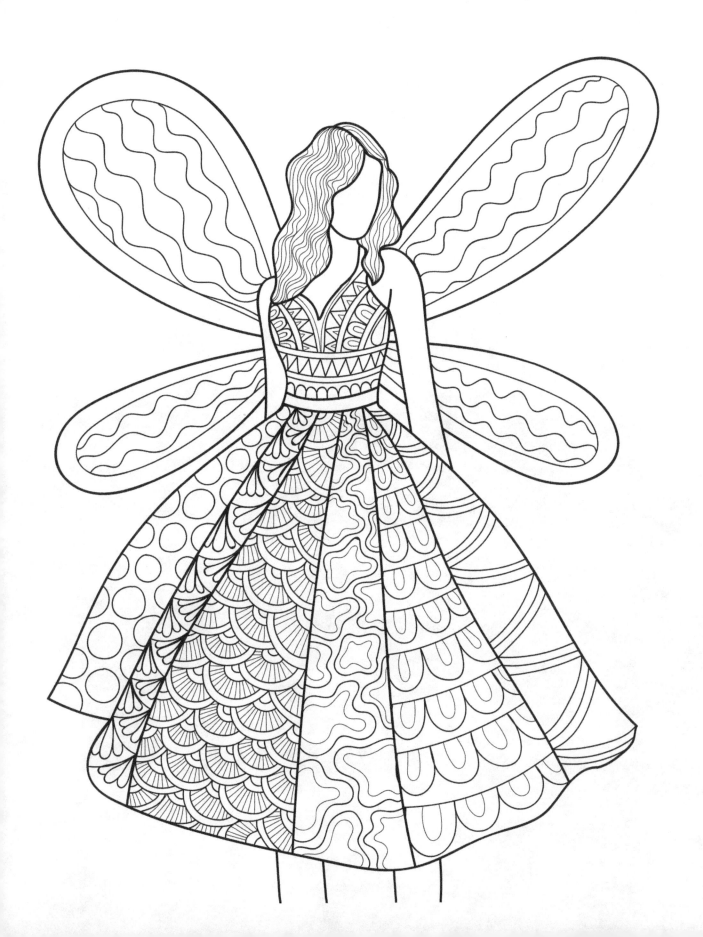

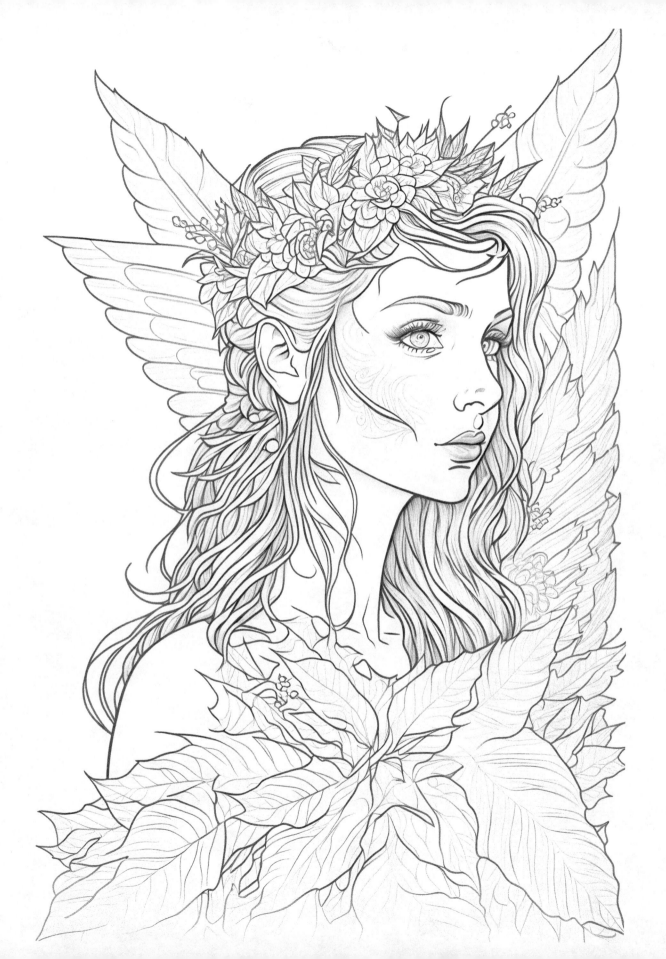

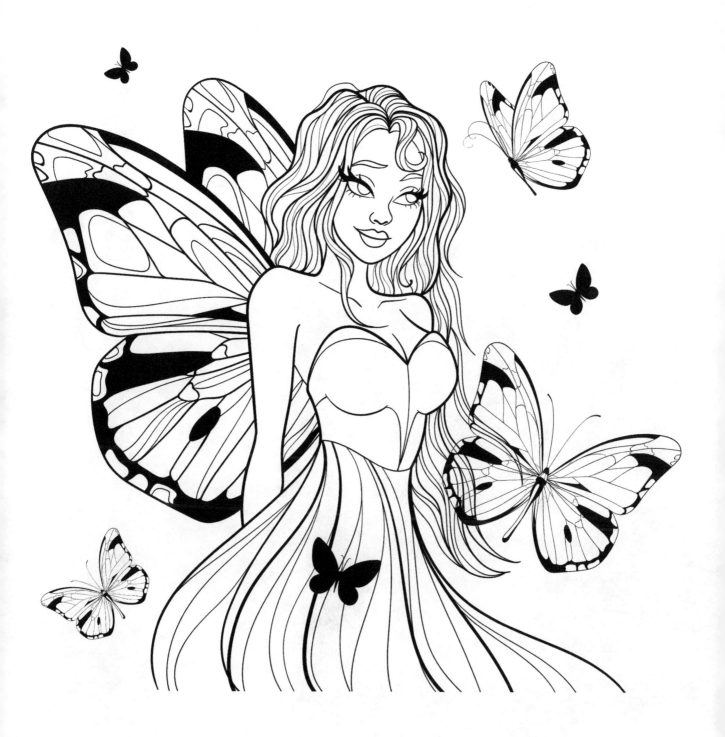

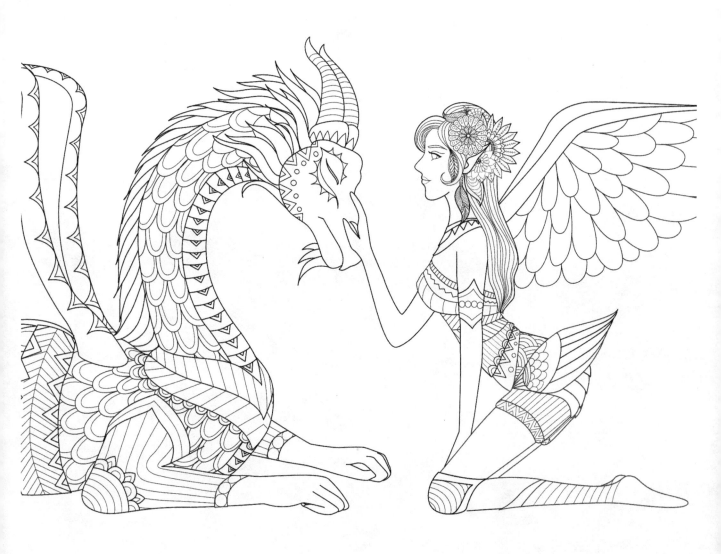

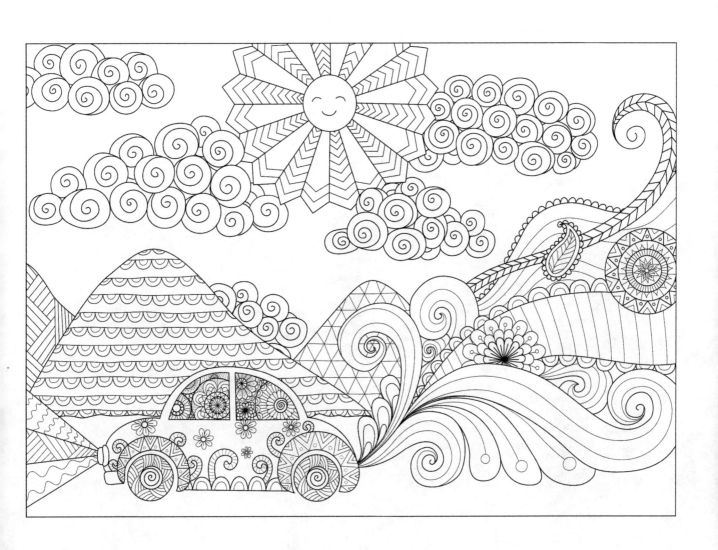

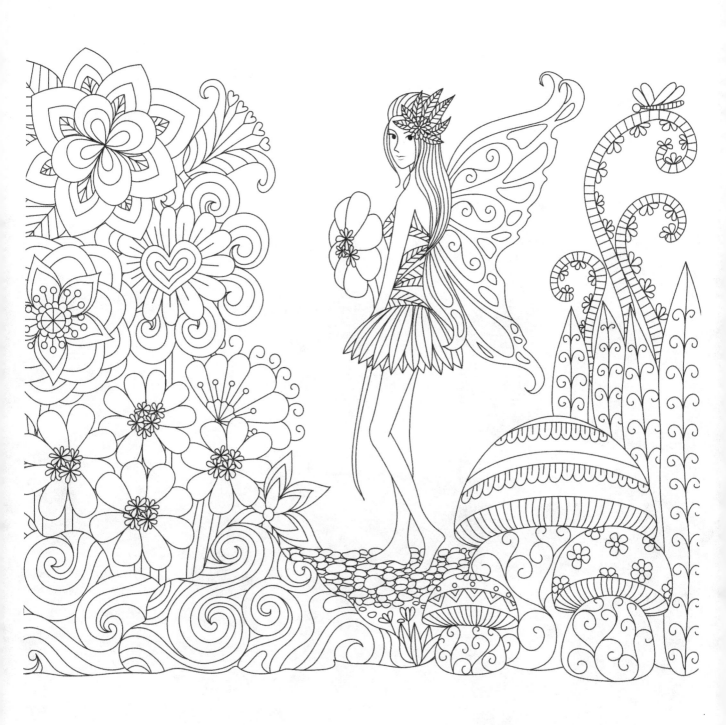

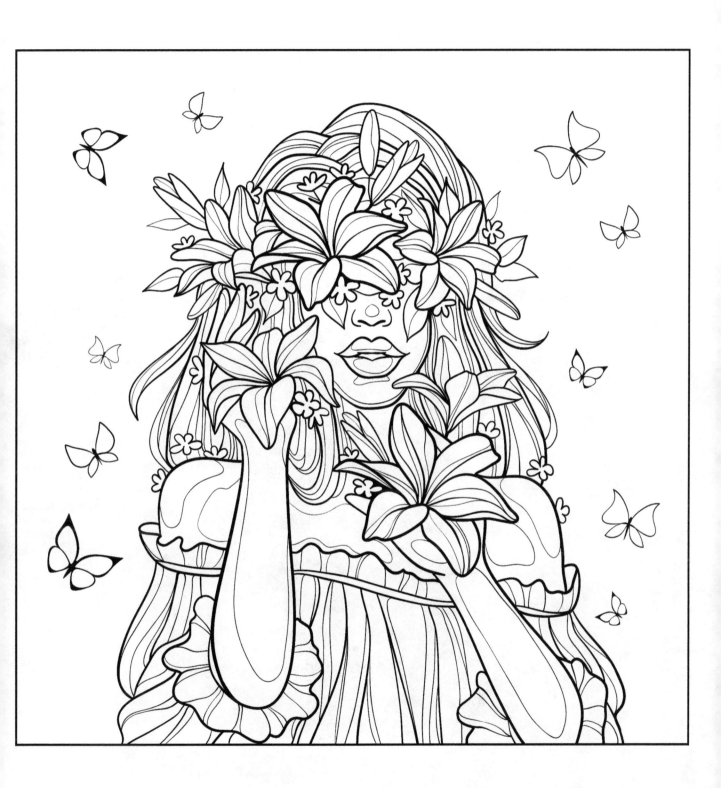

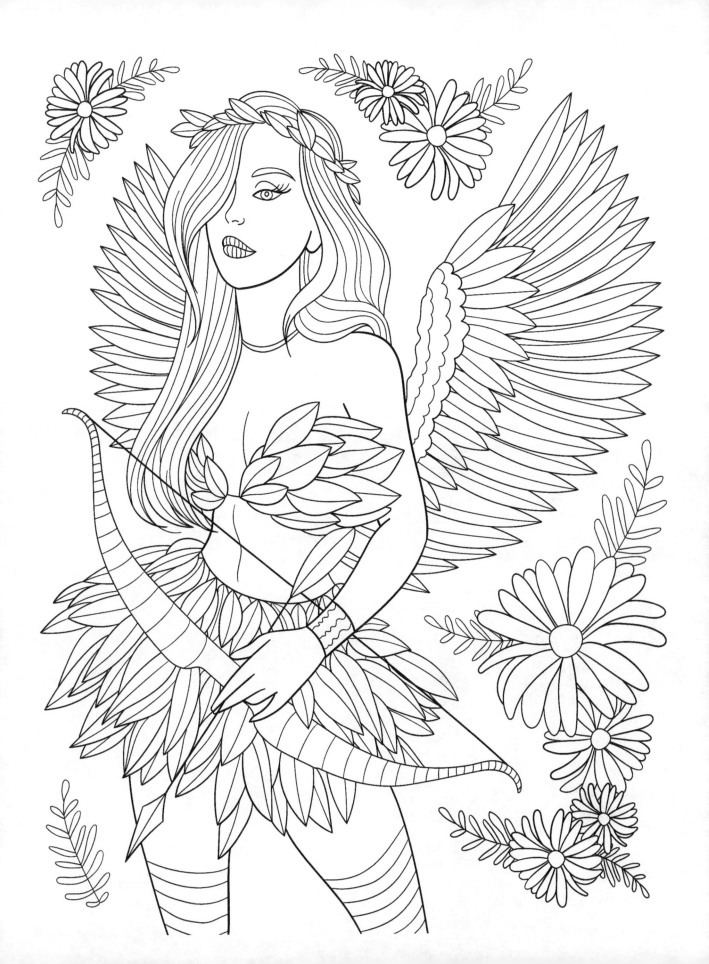

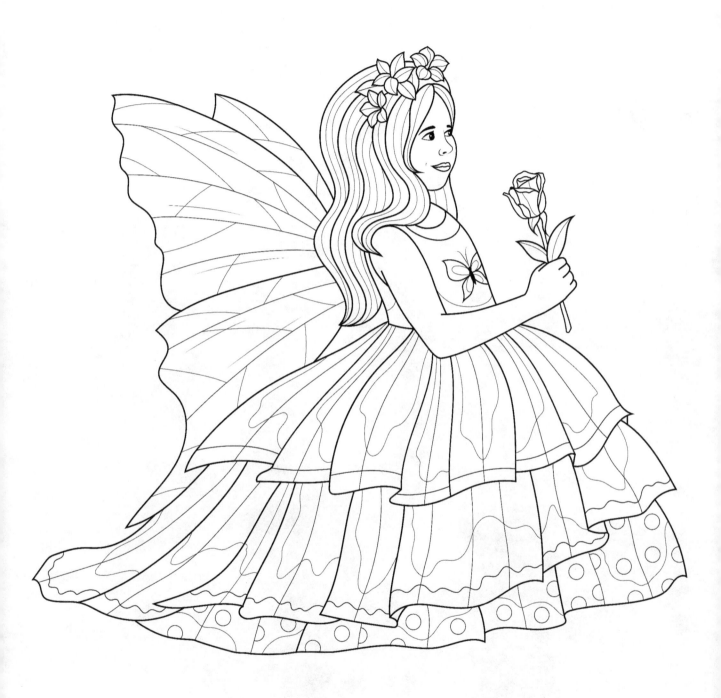

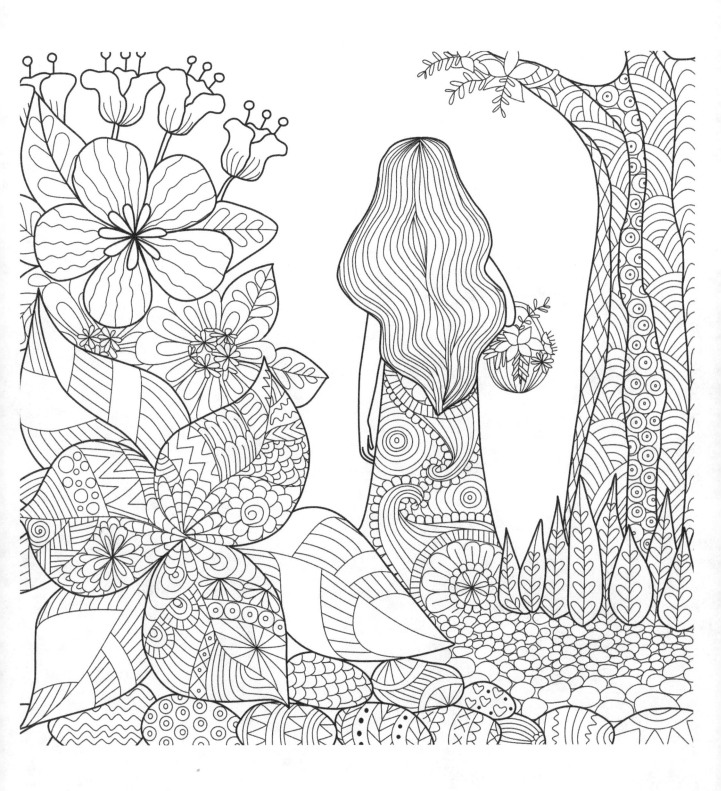

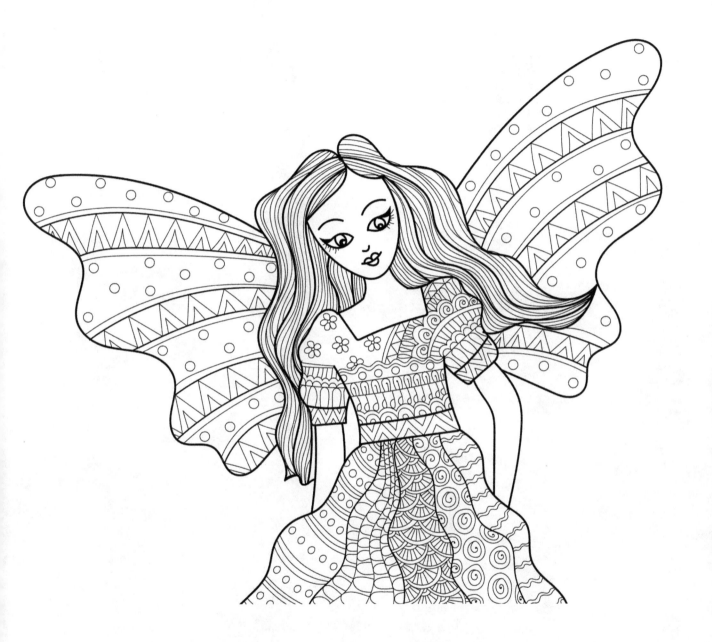

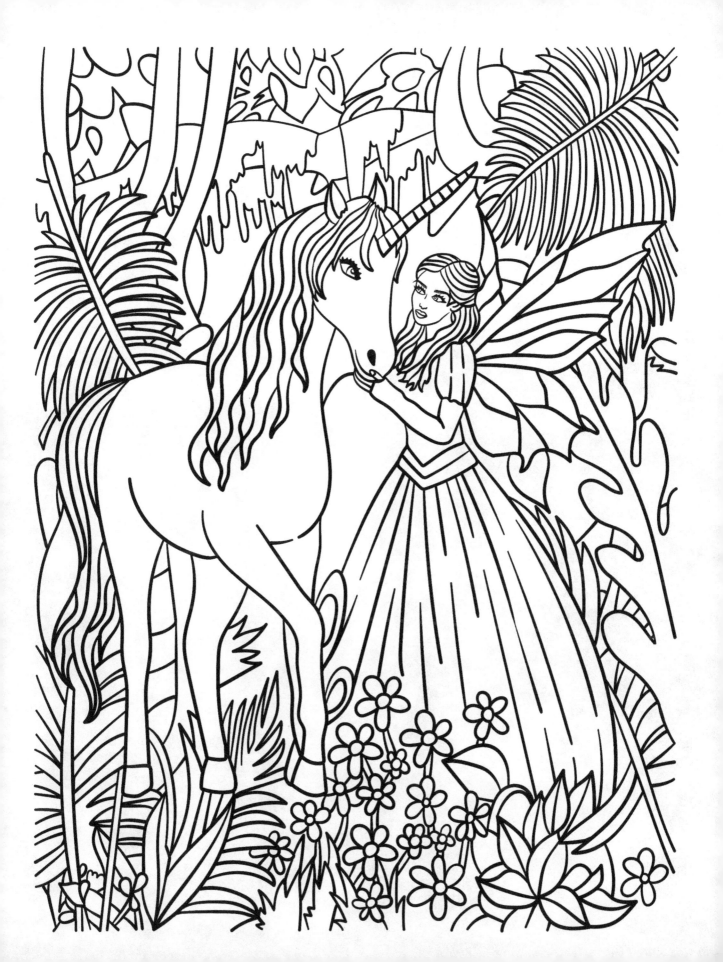

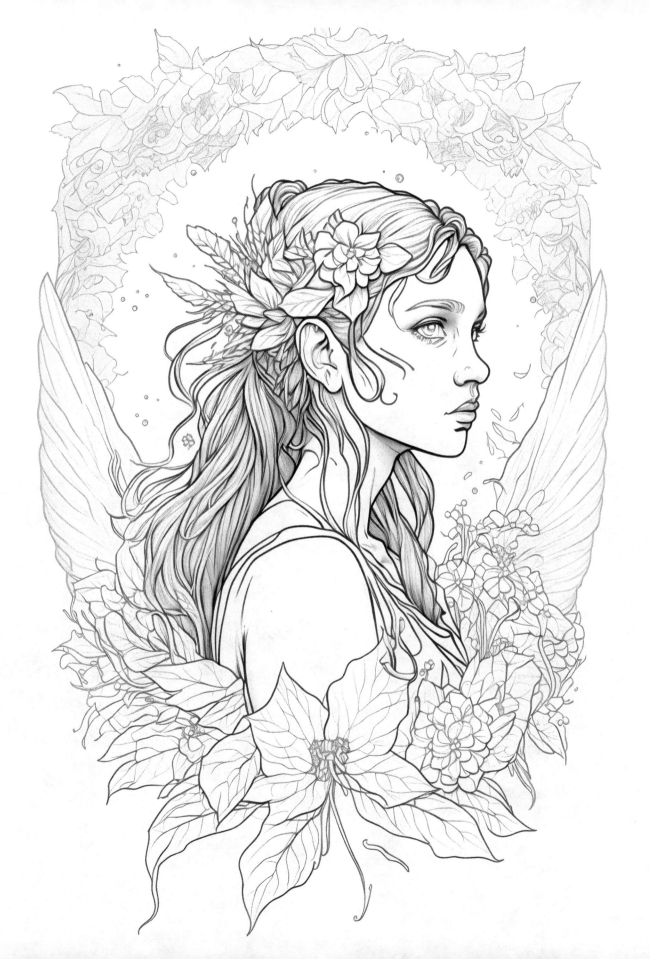

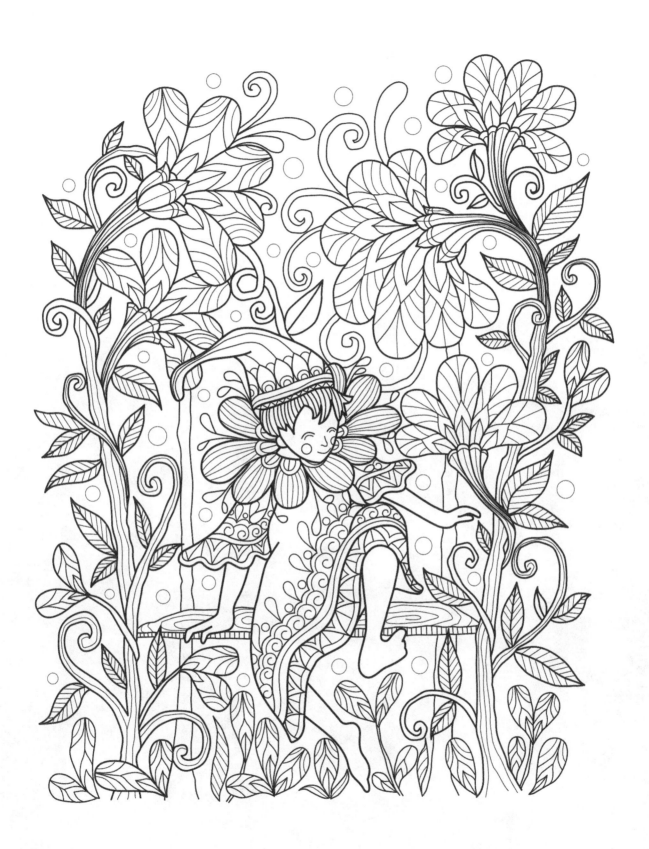

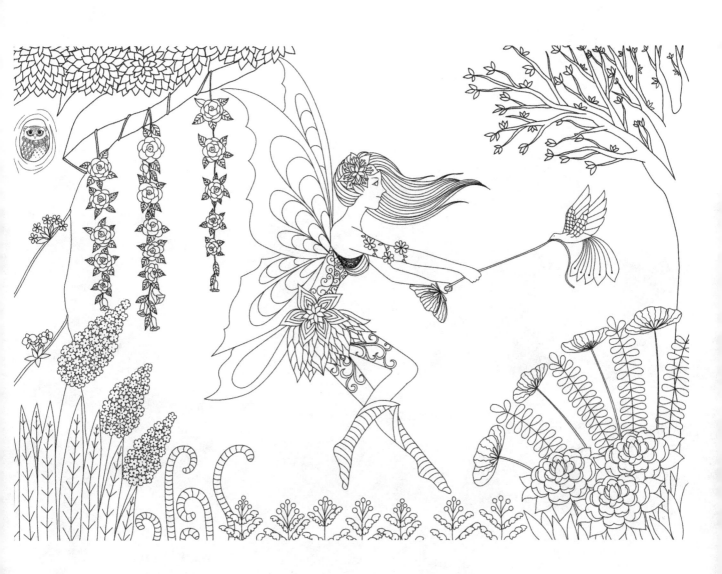

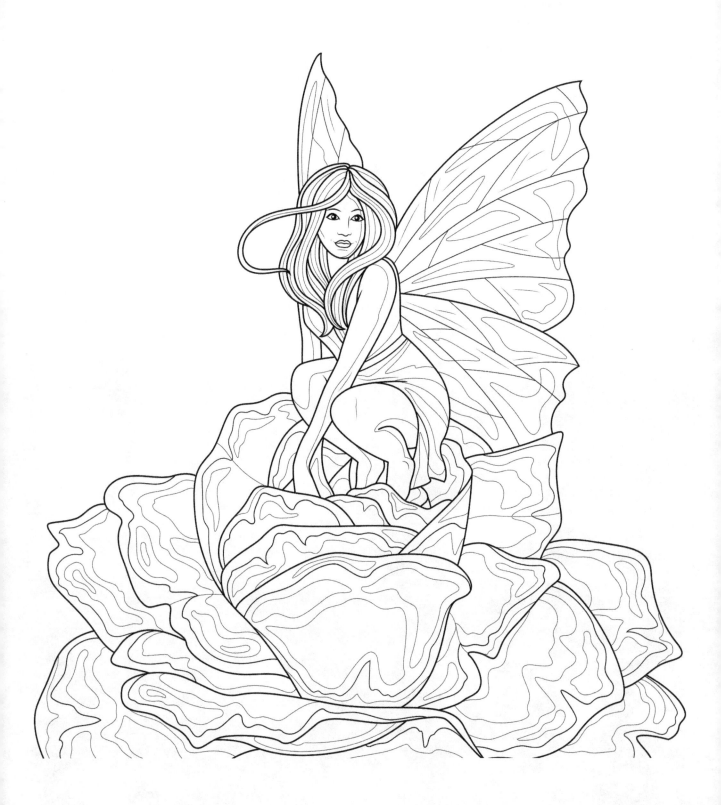

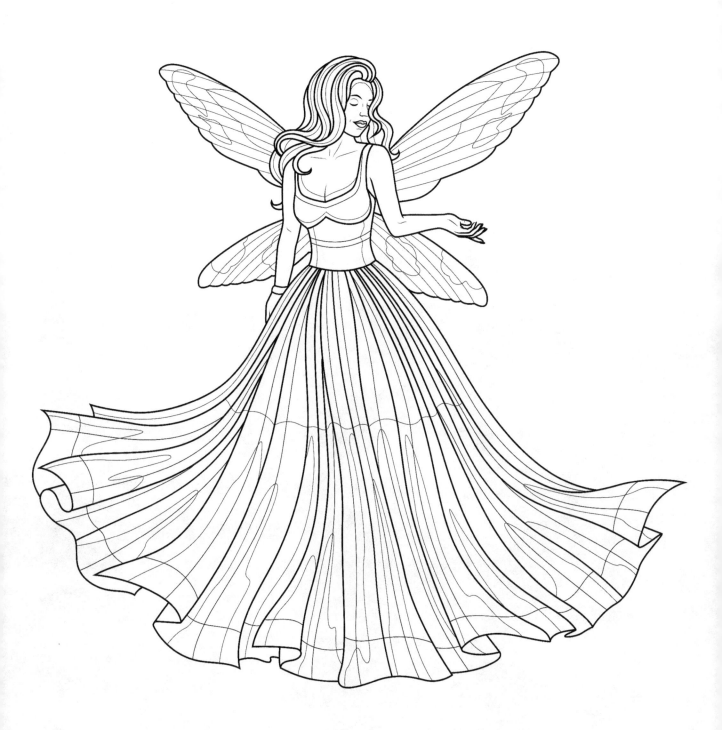

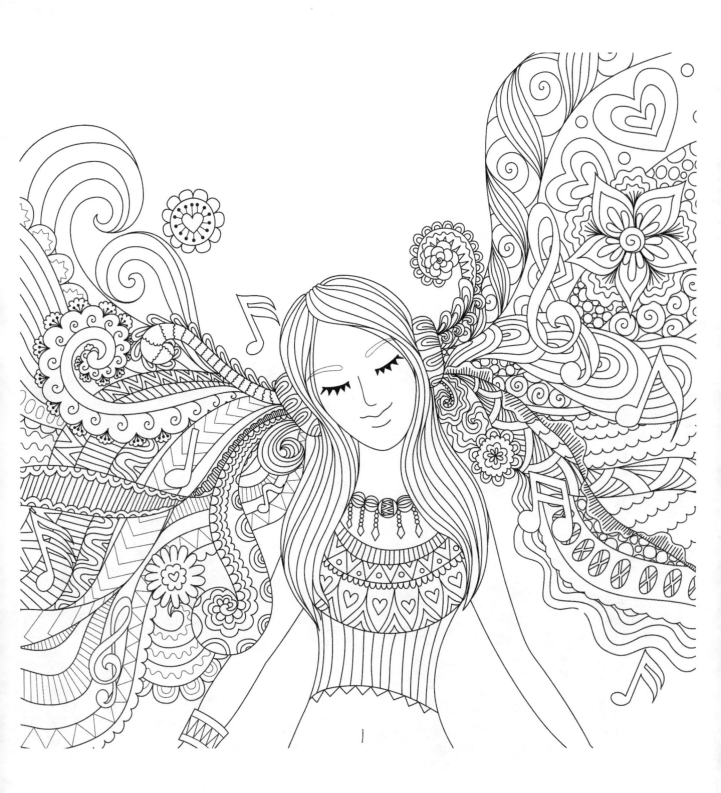

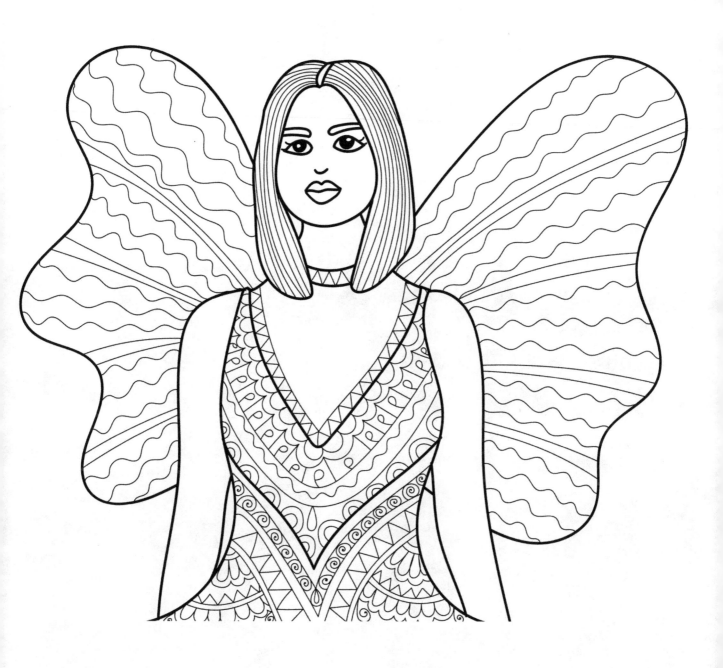

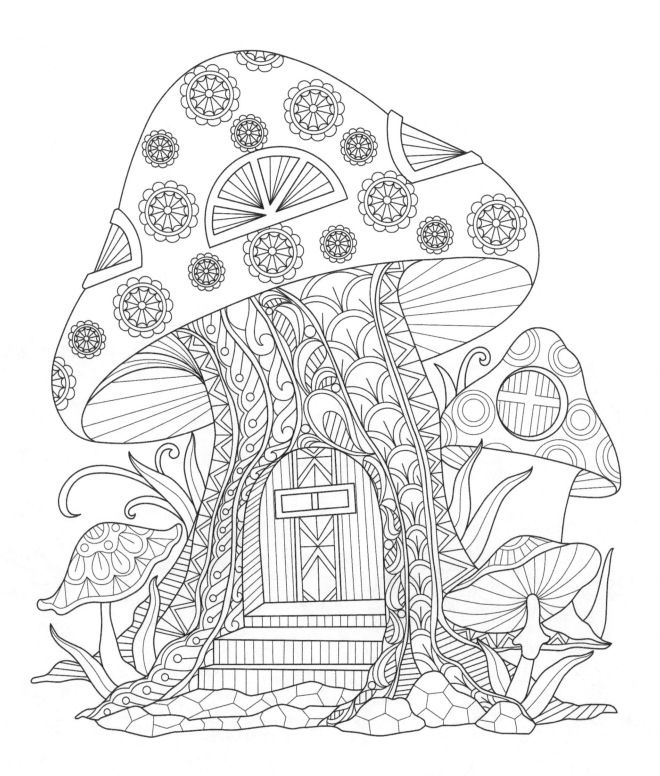

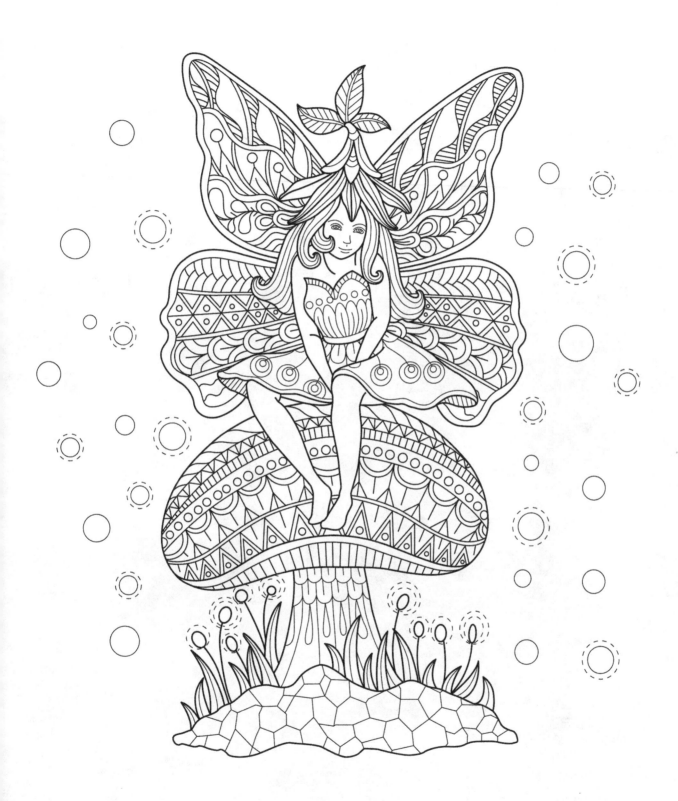

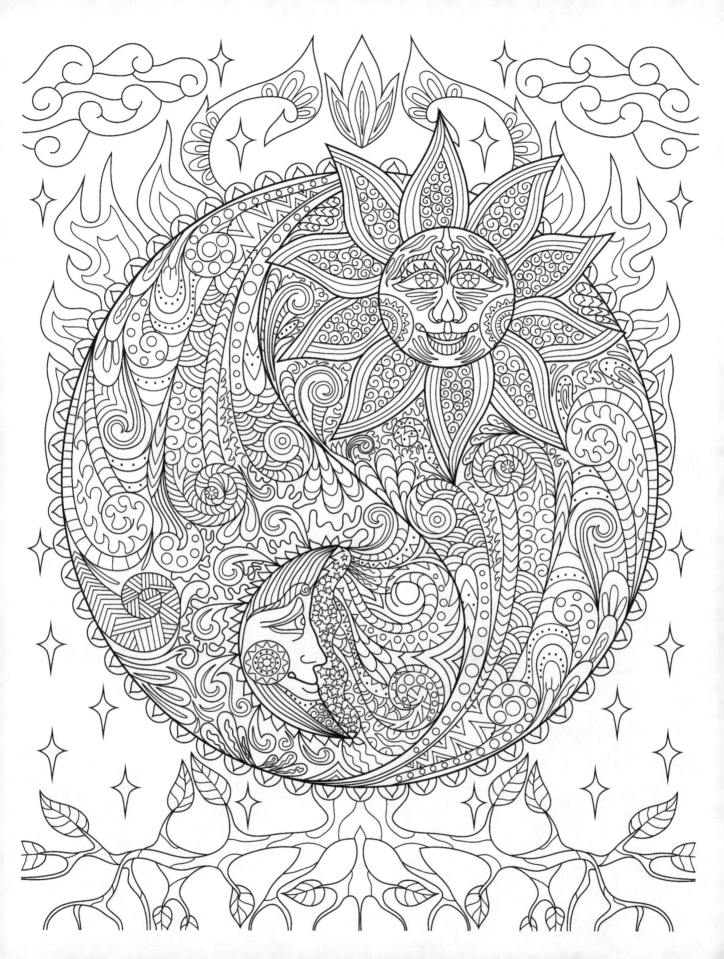

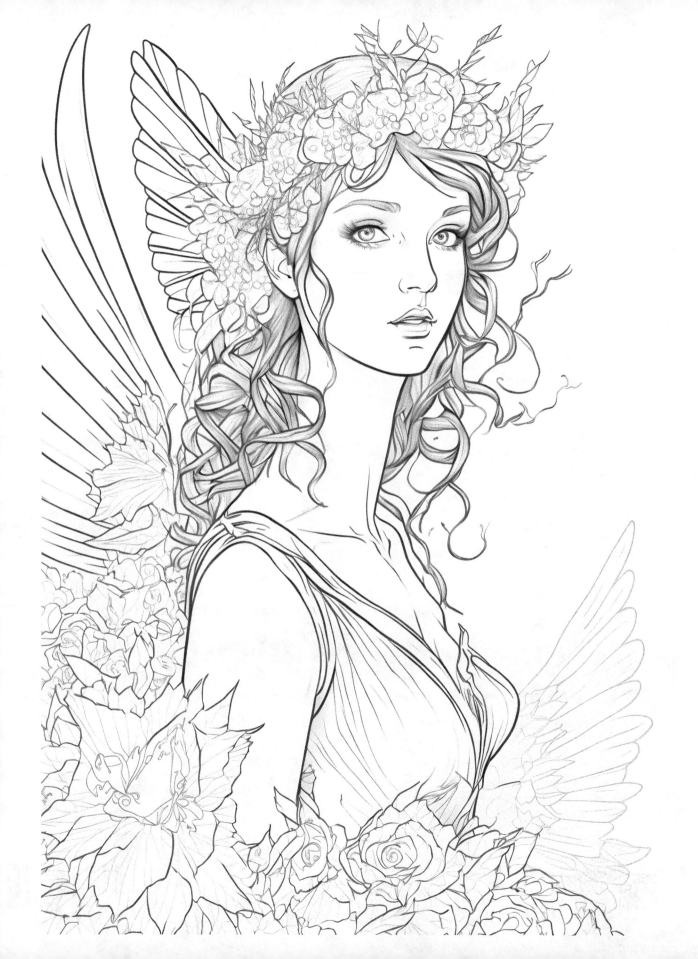

CPSIA information can be obtained
at www.ICGtesting.com
Printed in the USA
BVHW022037120523
664067BV00010B/891